汉语国际教育本科专业课程系列教材

对外汉语教学发展史
课程标准和教学大纲

北京语言大学人文社会科学学部　编

©2017 北京语言大学出版社，社图号 17332

图书在版编目（CIP）数据

对外汉语教学发展史课程标准和教学大纲. 上 / 北京语言大学人文社会科学学部编. — 北京：北京语言大学出版社，2017.12
汉语国际教育本科专业课程系列教材
ISBN 978-7-5619-5141-5

Ⅰ. ①对… Ⅱ. ①北… Ⅲ. ①对外汉语教学 — 教育史 — 课程标准 — 中国 — 高等学校 — 教材 ②对外汉语教学 — 教育史 — 教学大纲 — 中国 — 高等学校 — 教材 Ⅳ. ① H195.4

中国版本图书馆 CIP 数据核字（2017）第 298451 号

对外汉语教学发展史课程标准和教学大纲（上）
DUIWAI HANYU JIAOXUE FAZHANSHI KECHENG BIAOZHUN HE JIAOXUE DAGANG (SHANG)

| 排版制作：华伦图文制作中心 |
| 责任印制：周 燚 |

出版发行：**北京语言大学出版社**
社　　址：北京市海淀区学院路 15 号，100083
网　　址：www.blcup.com
电子信箱：service@blcup.com
电　　话：编辑部　　8610-82301016
　　　　　发行部　　8610-82303650/3591/3648
　　　　　北语书店　8610-82303653
　　　　　网购咨询　8610-82303908
印　　刷：北京建宏印刷有限公司

版　次：2017 年 12 月第 1 版　　印　次：2017 年 12 月第 1 次印刷
开　本：787 毫米 ×1092 毫米　1/16　印　张：2
字　数：31 千字
定　价：15.00 元

PRINTED IN CHINA

目 录

第一部分　课程标准 ··· 1
　　一、课程基本信息 ··· 1
　　二、课程具体说明 ··· 1

第二部分　教学大纲 ··· 4
　　第一章　对外汉语教学事业的发展 ································· 4
　　第二章　对外汉语教学法的发展 ···································· 6
　　第三章　对外汉语教学学科理论的发展 ··························· 10

第三部分　教学参考案例 ··· 13
　　一、教材及教学内容 ··· 13
　　二、教学对象 ··· 13
　　三、教学学时 ··· 13
　　四、教学目标 ··· 13
　　五、教学重点与难点 ··· 13
　　六、教学方法 ··· 14
　　七、教学环节 ··· 14

附录 ·· 22

第一部分　课程标准

一、课程基本信息

课程中文名称：对外汉语教学发展史

课程英文名称：The History of Teaching Chinese to Speakers of Other Languages

课程说明：本课程分两个学期进行，此为第一学期所用。

课程类别：专业选修课

课程学时：每周2学时，共36学时

适用对象：汉语国际教育本科专业三年级

课程概述：第一学期的课程主要介绍对外汉语教学自1950年至1990年的发展概况，主要从对外汉语教学事业的发展、对外汉语教学法的发展和对外汉语教学学科理论的发展三个方面分别进行详细阐述。

学习该课程，可以帮助学生梳理和厘清中国对外汉语教学发展的大致脉络，了解其发展历程，对对外汉语教学（教育部自2012年起在《普通高等学校本科专业目录》中将对外汉语、中国语言文化、中国学合并为汉语国际教育专业）的学科起源和发展有更全面、宏观的认识。

二、课程具体说明

（一）课程性质、地位及作用

本课程为汉语国际教育本科学生的专业选修课，旨在基本构建汉语国际教育学科的专业知识框架，帮助学生梳理本学科的历史发展脉络，增强对本学科整体知识结构的认知。

（二）教学基本要求

1. 知识：了解对外汉语教学事业发展的脉络以及各阶段的具体发展特点，重点掌握对外汉语教学法和对外汉语教学学科理论的发展阶段及各阶段的特点。

2. 能力：本课程以历史资料为主要组成部分，学生在学习本课程的过程中，培养史的意识，培养对历史的分析、思考以及历时发展特点揭示的能力。

3. 意义：通过学习本课程，帮助学生在宏观上了解和掌握对外汉语教学的发展历程，了解对外汉语教学的源起和发展的各个阶段，增强学生对对外汉语教学的专业认知度，激发学生传承和发展本学科的使命感和责任感。

（三）教学方法和手段

本课程以课堂讲授为主，资料展示、案例讲解为辅，再加以学生的主题发言、主题分享等。

教学手段多采用课堂板书和计算机、投影仪等多媒体辅助教学。

（四）教学学时分配

课程内容		学时
第一章	**对外汉语教学事业的发展**	10
第一节	初创阶段：50年代初到60年代初	1
第二节	巩固和发展阶段：60年代初到60年代中期	1
第三节	恢复阶段：70年代初到70年代末	1
第四节	蓬勃发展的阶段：70年代末以来	7
第二章	**对外汉语教学法的发展**	16
第一节	初创阶段：50年代初到60年代初	2
第二节	改进阶段：60年代初到70年代初	1

课程内容	学时
第三节 探索阶段：70年代初到80年代初	4
第四节 改革阶段：80年代初以来	9
第三章 对外汉语教学学科理论的发展	10
第一节 关于教学理论的研究	7
第二节 关于基础理论的研究	3

（五）本课程与其他课程的关系

本课程需要学生先修完现代汉语、第二语言教学概论等专业必修课。

（六）教材及主要参考书目

使用的教材：

吕必松. 对外汉语教学发展史·上编[M]. 北京：北京语言大学出版社，2017.

参考书目：

程裕祯. 新中国对外汉语教学发展史[M]. 北京：北京大学出版社，2005.

付　克. 中国外语教育史[M]. 上海：上海外语教育出版社，1986.

（七）课程考试和评估

考试，期末成绩占总评分数的70%；平时成绩与期中成绩占总评分数的30%。

（八）课程学分

2学分

第二部分　教学大纲

第一章　对外汉语教学事业的发展

章节	教学要求	方法	学时分配
第一节 初创阶段	△重点： 1. 识记建国初与中国交换留学生的国家； 2. 了解中国最早的留学生教学机构及其变化； 3. 了解本阶段的对外汉语教学形式； 4. 理解本阶段的对外汉语教学的特点。	课堂讲授 资料展示	1
第二节 巩固和发展阶段	△重点： 1. 了解本阶段教学机构、办学专业的调整和变化； 2. 了解对外汉语教师最初的培养模式及其变化； 3. 掌握第一个对外汉语教学专业刊物的诞生及其背景； 4. 理解本阶段对外汉语教学的特点； 5. 了解"文化大革命"对本阶段对外汉语教学事业发展的影响。	课堂讲授 资料展示	1
第三节 恢复阶段	△重点： 1. 了解本阶段的社会历史背景和对外汉语教学的恢复概况； 2. 理解本阶段对外汉语教学的新趋势——专业技术人员汉语教学； 3. 理解本阶段对外汉语教学面临的突出问题； 4. 了解对外汉语教师师资培训的新趋势——在职培训的萌芽； 5. 了解对外汉语其他教学形式的恢复情况。	课堂讲授 资料展示	1

续表

章节	教学要求	方法	学时分配
第四节 蓬勃发展的阶段	△重点： 1. 了解本阶段对外汉语教学发展的社会历史背景； 2. 理解本阶段对外汉语教学事业发展的概况； 3. 理解改革开放以来，我国对外汉语教学事业发展的新特点。 ○难点： 理解本阶段对外汉语教学事业发展的新特点。	课堂讲授 资料展示	1
	△重点： 了解本阶段对外汉语教学在教学体制和教学类型上的变化特点。	课堂讲授 资料展示	1
	△重点： 了解本阶段支持国外汉语教学的主要方式。	课堂讲授 资料展示	1
	△重点： 1. 识记"把对外汉语教学当作学科来建设"的提出人和理论依据； 2. 理解并掌握为学科建设所做的主要努力： ・专业刊物、出版社、研究机构 ・学术团体、学术机构 ・教材建设 ・教师培训 3. 了解本阶段对外汉语教学的领导机构和相关指导机构。	课堂讲授 资料展示 （选取一本本阶段编写的教材做介绍）	4

第二章 对外汉语教学法的发展

章节	教学要求	方法	学时分配
第一节 初创阶段	△重点： 1. 理解本阶段语言学发展概况与教学理论和教学方法的关系； 2. 了解本阶段语言学的发展特点及在此影响下，对外汉语教学的教学内容、教学理论和教学方法上的发展特点及表现； 3. 学会从多角度分析《汉语教科书》，掌握评价教材的主要方面； 4. 理解本阶段对外汉语教学的语言学倾向。 ○难点： 结合具体教材分析本阶段对外汉语教学在教学内容、教学理论和教学方法上的特点，并掌握分析、评价教材的主要方面。	课堂讲授 资料展示	2
第二节 改进阶段	△重点： 1. 了解本阶段教学方法得到改进的具体方面； 2. 理解和掌握"实践性原则"及在教学中贯彻这一原则的主要途径； 3. 理解和掌握"相对直接法"及其特点； 4. 了解"加强教学针对性"的背景及其应对措施； 5. 理解本阶段对外汉语教学在教学理论和教学方法上的总体特点。 ○难点： 理解和掌握"实践性原则""相对直接法"以及本阶段对外汉语教学在教学理论和教学方法上的总体特点。	课堂讲授 案例讲解 资料展示	1

续表

章节	教学要求	方法	学时分配
第三节 探索阶段	△重点： 1. 了解"探索"的主要含义和本阶段的指导思想； 2. 理解本阶段"教师"和"学生"在教学中各自的地位和作用； 3. 理解"交际性实践"和"非交际性实践"的含义和区别，理解"课堂实践"和"社会实践"的内在联系，进而掌握"实践性原则"的基本内容； 4. 了解"实践性原则"指导下本阶段所进行的教学试验及其教材成果； 5. 掌握教材比较的主要方面。 ○难点： 深化认识本阶段"实践性原则"的基本内容；掌握教材比较的主要方面。	课堂讲授 案例讲解 资料展示	2
	△重点： 1. 了解关于"汉字与语音""听说和读写""加强听力和阅读"三个方面所进行的教学试验过程和教学指导思想； 2. 了解根据新的教学指导思想和新的路子编写的主要教材。	学生 主题发言 主题分享	1
	△重点： 了解和掌握中国最早编写的对外汉语系列教材的编写体例、编写理念和编写经验。	学生 主题发言 主题分享	1

续表

章节	教学要求	方法	学时分配
第四节 改革阶段	△重点： 1. 了解本阶段教学法改革的社会历史背景和改革的主要方面； 2. 理解和掌握"功能法"的产生背景和主要特点，全面了解以"功能—结构"和"纯功能"为编写理念的第一本教材的编写体例、编写方法以及存在的优缺点。 ○难点： 理解和掌握"功能法"的含义和特点，并能结合具体教材体会"功能法"主导下的编写体例和编写方法。	课堂讲授 资料展示	2
	△重点： 1. 了解汉语预备教育的历史、此次改革的范围和重要内容； 2. 理解和掌握改革在课型设计上的主要表现及其依据。 ○难点： 理解和掌握改革在课型设计上的主要表现及其依据。	课堂讲授	1
	△重点： 1. 了解本阶段根据制定的教学大纲和教学计划编写的四套主要系列教材及其异同点； 2. 了解科技汉语教学的两段式教学模式。	课堂讲授	2

续表

章节	教学要求	方法	学时分配
第四节 改革阶段	△重点： 1. 了解短期汉语班的课程发展和教材建设，重点掌握具有代表性的短期汉语教材《初级口语》《汉语速成》《中级口语》《新汉语三百句》的编写理念、编写体例及优缺点； 2. 了解汉语进修班的课程发展和教材建设，重点掌握具有代表性的汉语进修教材《现代汉语进修教程·语法篇》《现代汉语进修教程·口语篇》的编写理念、编写体例及优缺点； 3. 了解现代汉语专业的课程设置与教材建设，重点掌握具有代表性的教材《文选》《中级汉语教程》《高级汉语教程》的编写理念、编写体例及优缺点； 4. 理解本阶段对外汉语教学在教学法上的主要倾向。	课堂讲授 资料展示	4

第三章　对外汉语教学学科理论的发展

章节	教学要求	方法	学时分配
第一节 关于教学理论的研究	△重点： 1. 掌握对外汉语教学学科理论的两个重要组成部分； 2. 了解并掌握50年代初到60年代初教学理论的发展概况：代表人物、主要成就和教学法主张； 3. 了解并掌握60年代初到"文化大革命"之前，教学理论的发展概况：研究重点、研究特点与前期的不同点。 ○难点： 了解并掌握60年代初到"文化大革命"之前，教学理论的研究重点、研究特点与前期的不同点。	课堂讲授 论文分享	1
	△重点： 1. 了解80年代初以来对外汉语教学理论研究的主要方面； 2. 理解并掌握本阶段教学理论和教学法研究的主要特点和成就； 3. 理解并掌握对外汉语教学宏观研究成果：学科性质、学科建设和总体设计理论； 4. 了解本阶段在教学活动和教学环节方面的研究成果。 ○难点： 理解并掌握总体设计理论。	课堂讲授 资料展示	2

章节	教学要求	方法	学时分配
第一节 关于教学理论的研究	△重点： 1. 了解本阶段在教学法原则方面的研究成果："交际性原则"，语言内容、语言技能、交际技能和文化背景知识的关系，结构—情境—功能相结合原则； 2. 了解"用不同的方法训练不同的语言技能"观点的提出与理论依据。 ○难点： 理解并掌握"交际性原则"，语言内容、语言技能、交际技能和文化背景知识的关系，结构—情境—功能相结合的原则。	课堂讲授 资料展示	4
第二节 关于基础理论的研究	△重点： 1. 了解并掌握对外汉语教学的基础理论组成部分及内在联系； 2. 理解语言理论与语言教学的关系； 3. 了解语言学影响语言教学的主要途径； 4. 了解从语言学视角展开的对外汉语教学研究及两者之间的相互影响：语音研究与语音教学、词汇研究和词汇教学、语法研究和语法教学、句型教学与话语分析研究、汉外对比研究和病句分析。	课堂讲授	1

续表

章节	教学要求	方法	学时分配
第二节 关于基础理论的研究	△重点： 1. 理解并掌握语言学习理论的任务以及"怎样学"与"怎样教"之间的关系； 2. 理解并掌握中介语理论和偏误产生的主要原因； 3. 了解中介语理论在语音偏误分析、词汇偏误分析等方面的初步实践； 4. 了解本阶段汉语习得方面的主要研究和成果。 〇难点： 理解并掌握中介语理论。	课堂讲授 资料展示 论文分享	1
	△重点： 1. 理解并掌握"知识性文化""交际性文化"等概念及其内在联系； 2. 了解"文化背景知识"的范围； 3. 理解并掌握"交际性文化"的内涵及其研究途径。	课堂讲授 资料展示	1

第三部分　教学参考案例

一、教材及教学内容

1. 教材：《对外汉语教学发展史·上编》（吕必松著，北京语言大学出版社，2017）

2. 教学内容：第二章第三节探索阶段：70年代初到80年代初（部分）

二、教学对象

汉语国际教育本科专业三年级学生，已修完现代汉语、第二语言教学概论等必修课程。

三、教学学时

2学时

四、教学目标

1. 知识：了解探索阶段中国对外汉语教学在教学理论和教学方法上的发展概况，包括本阶段的指导思想、交际性实践与非交际性实践、课堂实践与社会实践以及本阶段所进行的教学试验和教材成果。

2. 能力：掌握教材比较的主要方面。

五、教学重点与难点

（一）教学重点：

1. 了解"探索"的主要含义和本阶段的指导思想；

2. 理解本阶段"教师"和"学生"在教学中各自的地位和作用；

3. 理解"交际性实践"与"非交际性实践"的含义和区别,理解"课堂实践"与"社会实践"的内在联系,进而掌握"实践性原则"的基本内容;

4. 了解"实践性原则"指导下的本阶段所进行的教学试验及其教材成果;

5. 掌握教材比较的主要方面。

(二)教学难点:

深化认识本阶段"实践性原则"的基本内容,掌握教材比较的主要方面。

六、教学方法

课堂讲授、案例讲解、资料展示

七、教学环节

(一)导入

教师通过回顾上一阶段(改进阶段)对外汉语教学在教学理论和教学方法上的发展局限,总结其原因,引导出下一阶段(探索阶段)发展的主要方向。

板书或PPT:

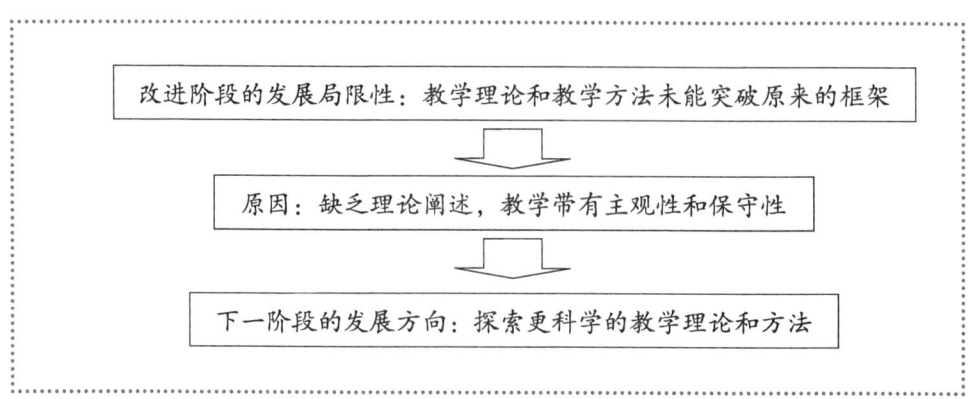

（二）"探索"的主要含义和指导思想

1. 解析"探索"的主要含义

教师引导学生认识到新中国成立初期，我们对于国家发展道路的探索主要是通过学习和借鉴国外优秀的经验和模式。与此类似，20世纪70年代，中国对外汉语教学在教学理论和教学方法不能突破原有框架和局限时，我们的探索方向也是学习和借鉴国外语言教学的理论和方法。

板书或PPT：

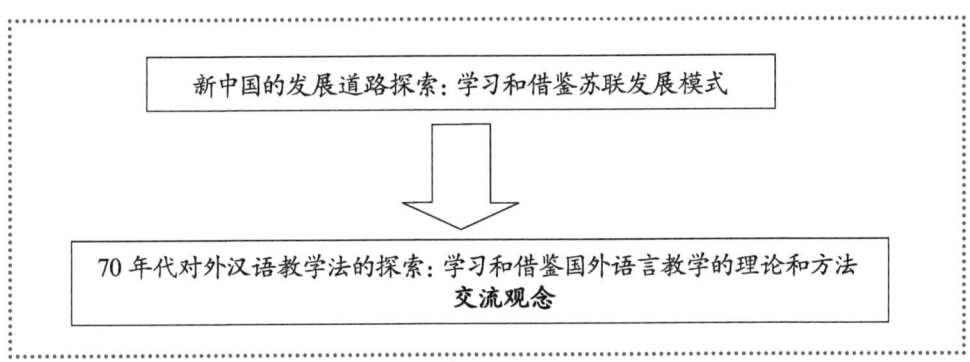

2. 全面分析"实践性原则"的内容

教师引导学生了解这一阶段"实践性原则"在国外语言教学理念"交流观念"的影响下，我们对其认识进一步深化；引导学生总结"实践性原则"发展的具体表现，并结合改进阶段对"实践性原则"的阐述作比较，体会其内容的深化和发展。

板书或PPT：

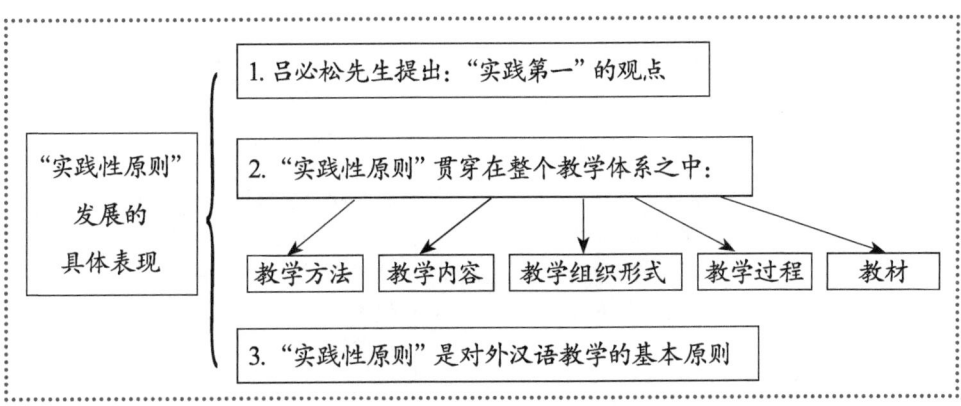

（三）"教师"和"学生"在对外汉语教学中的地位和作用

教师帮助学生理解吕必松先生对"实践性原则"的阐述，重点引导学生关注对"教师"和"学生"地位的定义和说明，体会这一阶段对"教师"和"学生"地位认识的改变。

板书或PPT：

> "所谓实践性原则，简单地说，就是根据辩证唯物论的认识论原理，组织和引导学生通过大量的、自觉的实践来掌握汉语，以培养他们运用汉语进行交际的能力。"
> ——吕必松《汉语作为外语教学的实践性原则》

教师的作用：组织和引导 → 主导

学生的地位：教学活动的中心 → 主体

（四）"交际性实践"与"非交际性实践"

教师引导学生理解"交际性实践"与"非交际性实践"的本质区别，并辅以案例来说明，最后设计大量练习巩固学生对两者的认识。

板书或PPT：

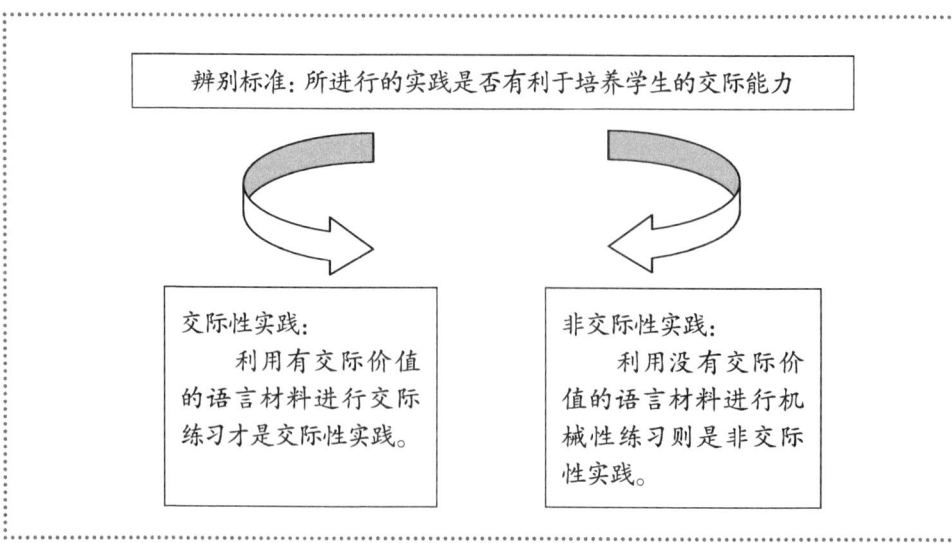

案例说明：

> 这是书，那是本子。
> 今天下雨了。

辨别练习：

> 今天是晴天，明天是阴天。
> 今天天气还不错，出去玩吧。
> 这盆是月季，那盆是玫瑰。
> 这两盆哪盆是月季，哪盆是玫瑰？
> 这件衣服是黑色的，不是蓝色的。
> 你穿黑色的衣服显得好看，蓝色的不好看。

（五）"课堂实践"与"社会实践"的内在关系

教师引导学生理解"语言实践"与"课堂实践""社会实践"的关系、"课堂实践"与"社会实践"的内在联系，结合两者的关系示意图帮助学生理顺两者的关系。

板书或PPT：

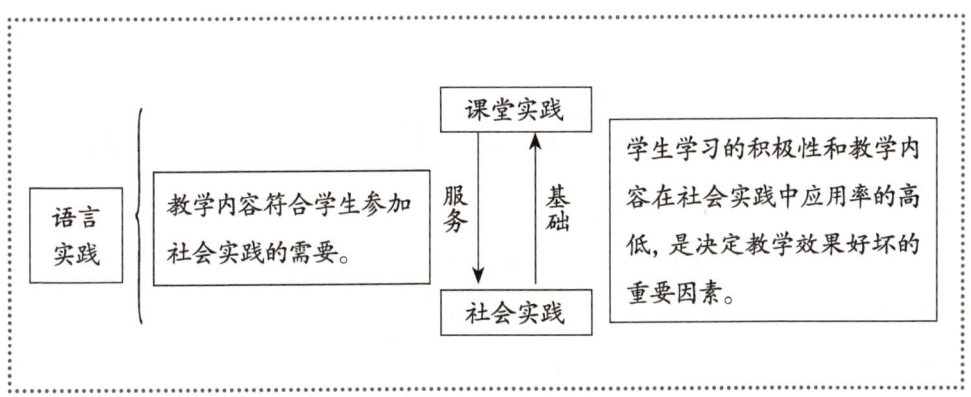

（六）"实践性原则"的基本内容

教师通过梳理以上五个环节有关"实践性原则"的部分，归纳总结出这一阶段"实践性原则"的基本内容。

板书或PPT：

"实践性原则"的基本内容
- 针对学生的交际需要选择语言内容和语言材料；
- 组织和引导学生通过大量的、自觉的语言实践来掌握语言；
- 通过灵活多样的教学方法尽快培养学生实际运用语言的能力。

（七）本阶段实行的教学试验和教材成果

教师引导学生了解本阶段实行教学试验的背景和教学法理论，归纳总结实行教学试验的两套教材。

板书或PPT：

1. 背景和教学法理论：国外的听说法──句型教学
2. 教材成果：
   《汉语课本》：李德津主持，取代原有的《基础汉语》《汉语读本》
   《基础汉语课本》：以《汉语课本》为蓝本

（八）教材比较的主要方面（以《汉语课本》和《基础汉语课本》为例）

教师给出两部教材的比较框架，引导学生阅读教材，填充内容，整理思路，最后总结出教材比较的主要方面。

板书或PPT：

《汉语课本》和《基础汉语课本》两部教材的比较

	《汉语课本》	《基础汉语课本》
册数	共4册，前2册经试用修改后出版，三、四册只在校内铅印，未能出版。	共5册，都已出版。
编排体例	1. 一、二册 前12课（语音）：一、课文；二、生词和汉字；三、练习；四、注释；五、汉字表； 第13课后：一、替换练习；二、课文（一）；三、课文（二）；四、生词；五、会话；六、注释；七、汉字表；八、练习。 2. 三、四册 一、课文；二、生词；三、词语练习；四、课文练习；五、阅读课文；六、（阅读课文的）生词。	继承了《汉语课本》的做法。
主要变化	1. 通过"语流"教语音，淡化了传统教材中截然划分的语音阶段、语法阶段和短文阶段的界限，加强了教学的整体性和连贯性。 2. 引进了句型教学的方法，将句型、课文和语法结合起来； 3. 必要的语言知识以"注释"的形式出现，引导学生重点掌握语言，而非语言知识； 4. "词语练习"等部分增加了大量练习，练习方式不但多样，且实用性更强，语言材料大大增加；	改进方面： 1. 初步摆脱了极左思潮的影响，摈弃了《汉语课本》中的大部分政治内容； 2. 语法点的解释吸收了新的教学经验和研究成果，针对性更强，解释也更加简明、准确； 3. 练习量大大增加，在练习方式上也有所创新； 4. 从第四册开始，增加了"近义词例解"。

续表

	《汉语课本》	《基础汉语课本》
主要变化	5. 单设"会话"和"阅读课文",加强口语和阅读教学; 6. 基础阶段的课文和练习中配有插图,加强了教材的直观性和生动性。	其他不同点: 恢复了语音阶段、语法阶段和短文阶段的界限,降低了语音阶段课文的难度,加强了语法的系统性,大大减少了语言材料。
优点	反映的生活面有所扩大,克服了老教材以学校生活为主的通病。	集中了当时对外汉语教材的大部分优点,是那时候按照结构法的路子编写的最成熟的教材;语法点的编排和解释,将研究成果和教学经验融为一体,其科学性、针对性无可比拟。
缺点	历史原因造成教材的内容政治色彩浓厚。	1. 虽然摈弃了大部分政治内容,但仍留有极左思潮和"文化大革命"的烙印; 2. 语音和语法阶段,课文内容又回到了以学校生活为主的轨道上,知识性和趣味性较差。 3. 有些语句全然为语法点练习而编,不够自然和真实,语言实用性较差。
影响	虽然这套教材因浓厚的政治色彩而停用,但它在探索新的教学路子方面起了开路作用,在教学方法上有许多创新之处,对以后的教材编写产生了广泛的影响。	是80年代国内外影响最大、使用面最广的汉语教材;是当时的一部集历年教材之大成的著作。

教材比较的主要方面

宏观

册数、课数，编写体例，教学目标的设定，教材的使用对象，与之前通用教材相比产生的主要变化，优点，缺点，影响力等。

微观

语音、语法、短文等阶段的分级处理，语法点的编排与解释，练习的数量与形式，编写的教学法依据，课文内容的选择，教材的趣味性比较等。

附 录

《对外汉语教学发展史·上编》
第二章第三节 探索阶段：70年代初到80年代初（部分）

这里所说的"探索"，是指在交际观念和实践性原则的指导下，学习和借鉴国外语言教学的理论和方法，针对中国对外汉语教学中存在的问题，探索新的教学路子。

这一阶段教学指导思想的变化之一是对实践性原则的新的认识。1974年吕必松在对来访的美国语言学代表团的报告中阐述了"实践第一"的观点，并指出："我们今天强调的实践性原则，不但包括教学方法，而且包括教学内容和教学组织形式；不但体现在教学过程中，而且体现在教材中。也就是说，它贯串在整个教学体系中，是我们进行汉语教学的一个基本原则。"（吕必松，1977a）吕必松在另一篇文章中又说："所谓实践性原则，简单地说，就是根据辩证唯物论的认识论的原理，组织和引导学生通过大量的、自觉的实践来掌握汉语，以培养他们运用汉语进行交际的能力。"（吕必松，1977b）这里指出了教师的作用在于"组织"和"引导"，实际上是主张把学生放在中心地位。

这一阶段对实践性原则的解释实际上是受交际观念支配的。实践性虽然是语言教学的一条重要原则，但不是所有的实践都有利于培养学生的交际能力。实践与理论是一对相关的概念，强调实践性，是为了说明跟理论相比，实践处于第一的地位，理论必须为实践服务。但是语言教学中的实践，实际上有交际性实践与非交际性实践的区别。只有利用有交际价值的语言材料进行交际性练习，才是交际性实践，而利用没有交际价值的语言材料（例如"这是书，那是本子"）进行机械性练习则属于非交际性实践。这一阶段在阐述实践性原则时，着重提出了贯彻实践性原则的目的是为了更好地培养学生运用汉语进行交际的能力。同时指出：课堂实践要以社会实践为基础，为社会实践服务，与社会实践相结合；教学内容要符合学生参加社会实践的需要。"学生的语言实践，包括课堂实践和社会实践两个方面。人们学习语言的目的，是为了在社会中进行交际，所以课堂实践归根到底是为社会实践服务的。课堂实践不为社会实践服务，就是无的放矢；而课堂实践只有以社会实践为基础，与社会实践相结合，才能更好地为社会实践服务。"（吕必松，1977a）这里所说的"以社会实践为基础"，是指必须紧密地结合学生社会实践的需要来确定课堂教学的基本内容。"实践证明，学生学习的积极性和教学内容在社会实践中应用率的高低，是决定教学效果好坏的非常重要的因素。

而学生积极性的高低，又是跟教学内容是否符合他们社会实践的需要密不可分的。教学内容符合学生社会实践的需要，可以激发学生学习的积极性，并使课堂上学到的东西能在实际应用中及时得到复习巩固。这是我们汉语教学中一条不可忽视的规律。"（吕必松，1977a）北京语言学院1982年制订的《汉语预备教育教学计划（试行）》明确地指出："实践性原则是我们从事汉语预备教育的基本原则。从课程设置到教材编写、课堂教学以及测试等，都必须贯彻这一原则。实践性原则的基本内容是：针对学生的交际需要选择语言内容和语言材料；按照辩证唯物论的认识论的原理，组织、引导学生通过大量的、自觉的语言实践来掌握语言；通过灵活多样的教学方法尽快地培养学生实际运用语言的能力。"这些观点实际上已包含了交际性原则的基本指导思想。

吴勇毅、徐子亮在评论实践性原则时指出："值得引起大家注意的是，作为对外汉语教学的基本原则，提出实践第一的观点包含着对直接教学法理论的修正，同时也应看到，修正的理论根据并不是作为句型理论基础的行为主义心理学的刺激反应学说和经验主义的哲学以及机械主义的语言学说，而是辩证唯物主义的认识论。"（吴勇毅、徐子亮，1987）正确地指出实践性原则的全面含义和理论依据是完全必要的。

在语言教学中，教学内容和教学方法是一个问题的两个方面。以传授语言内容为出发点必然带来以语法、词汇为中心的教学方法，这种方法束缚了人们的思想，课文为语法、词汇服务好像是天经地义的事情。因此，要改革教学内容，就必然要同时改变教学方法。"紧密地结合学生社会实践的需要来确定课堂教学的基本内容，就必然要打破旧的脱离实际的'科学系统'，而代之以新的符合实践性原则的科学系统。"（吕必松，1971a）前一种科学系统是指在"语言学倾向"指导下形成的语言学系统，后一种科学系统是指要努力建立的语言教学系统。因为语言教学不但要受语言规律的支配，而且要受语言学习规律和语言教学规律的支配，所以决不能以语言系统代替语言教学系统。如何建立语言教学的科学系统，正是这一阶段要探索的中心课题。

为了探索新的教学路子，北京语言学院在这一阶段结合总结多年的教学经验和学习国外的语言教学理论及教学方法，开展了一系列的教学试验。

"文化大革命"之前，我们对国外的听说法略有所闻。"文化大革命"期间，《英语900句》在国内广为流行，引起了我们的兴趣。北京语言学院复校后，立即着手试编结合句型教学的新教材（由李德津主持），定名为《汉语课本》。1974年开始在少数班试用，根据试用的经验修改后，1975年在校内铅印推广，取代了《基础汉语》和《汉语读本》（上、下册）。

《汉语课本》共4册，一、二册共44课，1977年由商务印书馆出版，前12课侧重于语音，每课的编排体例是：一、课文；二、生词和汉字；三、练习；四、注释；五、汉字表。第一课另有汉字笔画表和汉字笔顺表。每隔4课有一个复习，不计在课数之内。从第十三课开始侧重于句型、语法，每课的编排体例是：一、替换练习；二、课文（一）；三、课文（二）；四、生词；五、会话；六、注释；七、汉字表；八、练习。在"替换练习"前用方框标出代表本课句型的典型句子。每隔5课或6课有一个复习，也不计在课数之内。第二册附有"基本语法复习提纲""词类简称表""词汇表"和"繁简字对照表"。三、四册共32课，每课的编排体例是：课文，生词，词语练习，课文练习，阅读课文，（阅读课文的）生词。另有6个语法复习。

跟《基础汉语》和《汉语读本》（上、下册）相比，《汉语课本》的主要变化是：

（1）淡化了传统教材中截然划分的语音阶段、语法阶段、短文阶段的界限，加强了教学的整体性和连贯性。第一课就开始教会话，通过"语流"教语音，改变了传统教材中过分注重语音本身的科学系统的教学路子，根据对实践性原则的新的理解，使语音教学和培养学生的说话能力紧密地结合起来。相当于过去短文阶段教材的三、四册继续进行语法教学，使语法教学贯穿一个学年的始终，使过去语法阶段大大压缩了的语法教学得以展开，有利于提高学生运用语法规则的熟巧程度。

（2）引进了句型教学的方法，但又不是单纯的句型教学，而是把句型、课文和语法结合起来。当时虽然对汉语句型的研究还很不充分，但是试验的结果表明，结合句型进行教学有利于加强听说训练，有利于提高学生的口头表达能力。作为句型操练的主要手段的"替换练习"，丰富了汉语教学的练习方式。

（3）一、二册中的语音、语法知识都以"注释"的形式出现，表明教学的目的是让学生掌握语言，而不是掌握语言知识，介绍语言知识是为了让学生理解规则，只有在需要处才加以注释。三、四册的"词语练习"把语法、词汇知识的介绍和语言点的练习结合起来，更有利于提高运用语言的能力。练习方式是根据对不同语言点的不同的练习要求设计的，有替换练习、填空、造句、完成句子、改写句子、变换句式等，不但形式多样，而且实用性更强。

（4）一、二册每课单设一项会话，三、四册每课有阅读课文，从而使口语和阅读教学得到了加强。一、二册每课有两篇课文和大量的替换练习，三、四册"词语练习"部分也有大量的练习材料，跟过去的教材相比，语言材料大大增加。

（5）第一次在基础阶段教材的课文和练习中配有插图，增加了教材的直观性和生动性。

跟以前的教材相比，《汉语课本》反映的生活面有所扩大，一、二册基本上克服了同一阶段的老教材都以学校生活为主的通病。但是由于历史的原因，整套教材充满了政治说教。

当时学校普遍实行"开门办学",对留学生的汉语教学也不例外,而且把"开门办学"当作"贯彻实践性原则的主要途径"(吕必松,1977a)。这套教材的许多内容是为了适应"开门办学"的需要,便于学生到工厂、人民公社、街道、部队等处进行"参观访问"而编排的。组织学习汉语的外国留学生接触中国社会,在社会活动中学习和应用汉语,本来是课堂教学的很好的补充形式,当时也确实取得了较好的教学效果("文化大革命"前也有类似形式的"语言实践活动")。但"文化大革命"期间极左思潮盛行,一切都是"以阶级斗争为纲",什么都要以"政治路线"划界,"开门办学"也成了"无产阶级教育路线"的标志。语言实践活动一旦纳入了以"路线斗争"为出发点的"开门办学"的轨道,就必然要塞进政治内容,打上政治烙印。正因为这套教材有浓厚的政治色彩,所以"'寿命'比较短"(任远,1985)。其中三、四册只是在校内铅印使用,未能正式出版。尽管如此,这套教材在探索新的教学路子方面毕竟起到了开路的作用,在教学方法上的许多创新对以后的教材编写产生了广泛的影响。80年代在国内外影响最大、使用面最广的《基础汉语课本》就是以这套教材为蓝本编写的。

《基础汉语课本》(外文出版社,1980—1982)共5册,是一部集历年教材之大成的著作。在编排体例、通过语流教语音、结合句型教语法、在课文和练习中配备插图等方面,都直接继承了《汉语课本》的做法。同时在以下几个方面作了改进:

(1)初步摆脱了极左思潮的影响,摈弃了《汉语课本》中的大部分"政治"内容。

(2)加强了语法的系统性,但又不失简明。语法点的解释吸收了新的教学经验和研究成果,针对性更强,对许多语法点的解释也更加准确。

(3)对课外练习部分更加重视,不但练习量大大增加,而且在练习方式上也有所创新。

(4)从第四册开始,增加了一项"近义词例解"。

《基础汉语课本》跟《汉语课本》的其他不同点是:《汉语课本》中淡化了语音、语法和短文三个阶段的界限,在本书中又有所恢复。语音阶段压缩为8课,恢复了发音部位图,从第二课开始出现课文,整个语音阶段的课文内容比《汉语课本》简单。语法阶段把"注释"恢复为"语法",取消了"会话"一项,语法的系统性有所加强。第四册和续编(相当于第五册)恢复了原短文阶段教材(即《汉语读本》)的编法,取消了"词语练习"和"阅读课文",增加了"近义词例解"一项(《汉语读本》的"近义词例解"从第三册,即二年级用教材开始)。由于语法阶段取消了"会话",短文阶段取消了"阅读课文"和"词语练习",全书的语言材料比《汉语课本》大大减少。

《基础汉语课本》的主要缺点是:由于是在粉碎"四人帮"之后不久开始编写的,所以虽然摈弃了大部分"政治"内容,但是仍留有一部分极左思潮的痕迹和"文化大革命"的烙印;

前三册，即语音和语法阶段，课文内容又回到了以学校生活为主的轨道，知识性和趣味性较差；跟《汉语教科书》和《基础汉语》一样，有些语句全然是为练习语法点而编写的，不够自然和真实，这就决定了语言的实用性也较差。看来这套教材的着眼点是力图汇集各部对外汉语教材的优点，尽量避免尚有争议或没有把握的做法，所以在教学方法上显得趋向于稳健和保守，缺少创新。

上述缺点并不影响《基础汉语课本》的历史价值。由于集中了各种对外汉语教材的大部分优点，它是到那时为止按照结构法的路子编写的一部最成熟的教材。特别是语法点的编排和解释，把研究成果和教学经验融为一体，其科学性、针对性都是以前的教材所无法相比的。